AF582115

RÈGLEMENT

A L'USAGE

DE L'ASSEMBLÉE NATIONALE.

CHAPITRE PREMIER.

Du Président & des Secrétaires.

1°. IL y aura un Préſident & ſix Secrétaires.

2°. Le Préſident ne pourra être nommé que pour quinze jours ; il ne ſera point continué, mais il ſera éligible de nouveau dans une autre quinzaine.

3°. Le Préſident ſera nommé au ſcrutin, en la forme ſuivante.

Les Bureaux ſeront convoqués pour l'après-midi ; on y recevra les billets des votans ; & le recenſement & le dépouillement des billets ſe feront dans les Bureaux mêmes ſur une Liſte particulière qui ſera ſignée par le Préſident & le Secrétaire du Bureau.

Chaque Bureau chargera ensuite un de ses Membres de porter sa liste dans la Salle commune, & de s'y réunir avec deux Secrétaires de l'Assemblée, pour y faire le relevé des listes, & en composer une générale.

Si aucune des personnes désignées n'a la majorité des voix, savoir, la moitié & une en sus, on retournera au scrutin une seconde fois dans les Bureaux, & les listes seront également rapportées dans la Salle commune.

Si dans ce second scrutin personne n'avoit la majorité, les deux Sujets qui auront le plus de voix seront seuls présentés au choix des Bureaux pour le troisième scrutin.

Et, en cas d'égalité de voix entre les deux concurrens, le plus âgé sera nommé Président.

4°. Les fonctions du Président seront de maintenir l'ordre dans l'Assemblée; d'y faire observer les Règlemens, d'y accorder la parole, d'énoncer les questions sur lesquelles l'Assemblée aura à délibérer; d'annoncer le résultat des suffrages, de prononcer les décisions de l'Assemblée, & d'y porter la parole en son nom.

Les lettres & paquets destinés à l'Assemblée Nationale & qui seront adressés au Président, seront ouverts dans l'Assemblée.

Le Président annoncera les jours & les heures des Séances; il en fera l'ouverture & la clôture; & dans tous les cas, il sera soumis à la volonté de l'Assemblée.

5°. En l'absence du Président, son prédécesseur le remplacera dans les mêmes fonctions.

6°. Le Président annoncera, à la fin de chaque Séance, les objets dont on devra s'occuper dans la Séance suivante, conformément à l'ordre du jour.

7°. L'ordre du jour sera consigné dans un Registre dont le Président sera dépositaire.

8°. On procédera dans les Bureaux à l'élection des Secrétaires par un seul scrutin; chaque Bureau portera six noms; & pour être élu, il suffira d'avoir obtenu la simple pluralité des suffrages dans la réunion des listes particulières.

9°. Les Secrétaires répartiront entr'eux le travail des notes, la rédaction du Procès-verbal, lequel sera fait en doubles minutes collationnées entr'elles, celle des Délibérations, la réception & l'expédition des Actes & des

Extraits, & généralement tout ce qui eſt du reſſort du Secrétariat.

10°. La moitié des Secrétaires ſera changée & remplacée tous les quinze jours ; on décidera au ſort quels ſeront les premiers remplacés, & enſuite ce ſera les plus anciens de fonctions.

11°. Les Secrétaires ne pourront être nommés pour aucun Comité ni pour aucune députation pendant leur exercice.

CHAPITRE II.

Ordre de la Chambre.

1°. L'ouverture de la Séance demeure fixée à huit heures du matin ; néanmoins la Séance ne pourra commencer s'il n'y a deux cents membres préſens.

2°. La Séance commencera par la lecture du Procès-verbal de la veille.

3°. La Séance ouverte, chacun reſtera aſſis.

4°. Le ſilence ſera conſtamment obſervé.

5°. La ſonnette ſera le ſignal du ſilence ;

& celui qui continueroit de parler malgré le ſignal, ſera repris par le Préſident au nom de l'Aſſemblée.

6°. Tout Membre peut réclamer le ſilence & l'ordre, mais en s'adreſſant au Préſident.

7°. Tous ſignes d'approbation ou d'improbation ſont abſolument défendus.

8°. Perſonne n'entrera dans la Salle ni n'en ſortira que par les corridors.

9°. Nul n'approchera du Bureau pour parler au Préſident ou aux Secrétaires.

10°. MM. les Suppléans qui voudront aſſiſter aux Séances de l'Aſſemblée Nationale, auront une place diſtincte & qui leur ſera excluſivement affectée dans une Tribune.

11°. La barre de la Chambre ſera réſervée pour les perſonnes étrangères qui auront des pétitions à faire, ou pour celles qui ſeront appelées ou admiſes devant l'Aſſemblée Nationale.

12°. Il eſt défendu à tous ceux qui ne ſont pas Députés, de ſe placer dans l'enceinte de la Salle; & ceux qui y ſeront ſurpris, ſeront conduits dehors par l'Huiſſier.

CHAPITRE III.

Ordre pour la Parole.

1°. Aucun Membre ne pourra parler qu'après avoir demandé la parole au Président; & quand il l'aura obtenue, il ne pourra parler que debout.

2°. Si plusieurs Membres se lèvent, le Président donnera la parole à celui qui se sera levé le premier.

3°. S'il s'élève quelque réclamation sur sa décision, l'Assemblée prononcera.

4°. Nul ne doit être interrompu quand il parle. Si un Membre s'écarte de la question, le Président l'y rappellera. S'il manque de respect à l'Assemblée, ou s'il se livre à des personnalités, le Président le rappellera à l'ordre.

5°. Si le Président néglige de rappeler à l'ordre, tout Membre en aura le droit.

6°. Le Président n'aura pas le droit de parler sur un débat, si ce n'est pour expliquer l'ordre ou le mode de procéder dans l'affaire en délibération, ou pour ramener à la queſtion ceux qui s'en écarteroient.

CHAPITRE IV.

Des Motions.

1°. Tout Membre a droit de propoſer une Motion.

2°. Tout Membre qui aura une Motion à préſenter, ſe fera inſcrire au Bureau.

3°. Toute Motion ſera écrite, pour être dépoſée ſur le Bureau, après qu'elle aura été admiſe à la diſcuſſion.

4°. Toute Motion préſentée doit être appuyée par deux perſonnes; ſans quoi elle ne pourra pas être diſcutée.

5°. Nulle Motion ne pourra être diſcutée le jour même de la Séance dans laquelle elle ſera propoſée, ſi ce n'eſt pour une choſe urgente, & quand l'Aſſemblée aura décidé que la Motion doit être diſcutée ſur-le-champ.

6°. Avant qu'on puiſſe diſcuter une Motion, l'Aſſemblée décidera s'il y a lieu ou non à délibérer.

7°. Une Motion admiſe à la diſcuſſion ne pourra plus recevoir de correction ni d'altération, ſi ce n'eſt en vertu d'amendemens délibérés par l'Aſſemblée.

8°. Toute Motion ſur la Légiſlation, la Conſtitution & les Finances, ſur laquelle l'Aſſemblée aura décidé qu'il y a lieu à délibérer, ſera donnée à l'impreſſion ſur-le-champ, pour qu'il en ſoit diſtribué des copies à tous les Membres.

9°. L'Aſſemblée jugera ſi la Motion doit être portée dans les Bureaux, ou ſi l'on doit en délibérer dans l'Aſſemblée, ſans diſcuſſion préalable dans les Bureaux.

10°. Lorſque pluſieurs Membres demanderont à parler ſur une Motion, le Préſident fera inſcrire leurs noms, autant qu'il ſe pourra, dans l'ordre où ils l'auront demandé.

11°. La Motion ſera diſcutée ſelon la forme preſcrite pour l'ordre de la parole, au Chapitre trois.

12°. Aucun Membre, ſans excepter l'Auteur de la Motion, ne parlera plus de deux fois ſur une Motion, ſans une permiſſion expreſſe de l'Aſſemblée; & nul ne demandera la parole pour la ſeconde fois, qu'après que ceux qui l'auroient demandée avant lui, auront parlé.

13°. Pendant qu'une queſtion ſera débattue, on ne recevra point d'autre Motion, ſi ce n'eſt pour amendement, ou pour faire renvoyer à un Comité, ou pour demander un ajournement.

14°. Tout amendement ſera mis en délibération avant la Motion; il en ſera de même des ſous-amendemens, par rapport aux amendemens.

15°. La diſcuſſion étant épuiſée, l'Auteur joint aux Secrétaires, réduira ſa Motion ſous la forme de queſtion, pour en être délibéré par oui ou par non.

16°. Tout Membre aura le droit de demander qu'une queſtion ſoit diviſée lorſque le ſens l'exigera.

17°. Tout Membre aura le droit de parler pour dire que la queſtion lui paroît mal poſée, en expliquant comment il juge qu'elle doit l'être.

18°. Toute queſtion ſera décidée à la majorité des ſuffrages.

19° Toute queſtion qui aura été jugée, toute Loi qui aura été portée dans une Seſſion de l'Aſſemblée Nationale, ne pourra y être agitée de nouveau.

ORDRE

De la diſcuſſion d'une queſtion relative à la Conſtitution ou à la Légiſlation.

Toute Motion relative à la Conſtitution ou à la Légiſlation, ſera portée trois fois à la diſcuſſion, à des jours différens, dans la forme ſuivante.

La Motion ſera lue & motivée par ſon Auteur; & après qu'elle aura été appuyée par deux Membres au moins, elle ſera admiſe à la diſcuſſion.

On examinera enſuite ſi elle doit être rejetée ou renvoyée à la diſcuſſion des Bureaux: en ce cas, on fixera le jour auquel la queſtion, après avoir été diſcutée dans les

Bureaux, ſera reportée dans l'Aſſemblée Générale pour y ſubir la dernière diſcuſſion.

Toute Motion de ce genre ſera rejetée ou adoptée à la majorité des ſuffrages; ſavoir, la moitié des voix & une en-ſus ; & l'on ne pourra plus revenir aux voix.

Les voix ſeront recueillies par aſſis & levé; & s'il y a quelque doute, on ira aux voix par l'appel, ſur une liſte alphabétique par Bailliages, complette, vérifiée & ſignée par les Membres du Bureau.

CHAPITRE V.

Des Pétitions.

1°. Les Pétitions, Demandes, Lettres, Requêtes ou Adreſſes, ſeront ordinairement préſentées à l'Aſſemblée par ceux de ses Membres qui en ſeront chargés.

2°. Si les perſonnes étrangères qui ont des Pétitions à préſenter, veulent parvenir immédiatement à l'Aſſemblée, elles s'adreſſeront à un des Huiſſiers qui les introduira à la barre, où l'un des Secrétaires averti par l'Huiſſier, ira recevoir directement leurs Requêtes.

Des Députations.

Les Députations seront composées sur la liste alphabétique, afin que les Membres soient députés par tour ; & les Députés conviendront entr'eux de celui qui devra porter la parole.

Des Comités.

Les Comités seront composés de Membres nommés au scrutin par listes, & dans les Bureaux, comme il a été dit des Secrétaires.

Personne ne pourra être Membre de deux Comités.

CHAPITRE VI.

Des Bureaux.

ARTICLE PREMIER.

L'Assemblée se divisera en bureaux, où les Motions seront discutées sans y former des résultats.

Ces Bureaux seront composés sans choix, mais uniquement selon l'ordre alphabétique de la liste, en prenant le 1er., le 31e., le 61e., & ainsi de suite.

Ils seront renouvelés chaque mois, & de manière que les mêmes Députés ne se retrouveront plus ensemble. Pour cet effet, le premier de la liste sera avec le 32e., le 64e., le 116e., ensorte qu'à chaque renouvellement, le second sera reculé d'un nombre; & de lui au 3e., 4e., 5e., &c. jusqu'à 30, on comptera autant de Membres qu'il en aura été compté du 1er. au 2e.

Ce travail sera fait par les Secrétaires, qui le tiendront toujours prêt pour le jour du renouvellement des Bureaux.

I I.

Tous les jours de la semaine, hors le Dimanche, il y aura Assemblée générale tous les matins, & Bureau tous les soirs.

I I I.

Lorsque cinq Bureaux s'accorderont pour demander une Assemblé générale, elle aura lieu.

CHAPITRE VII.

De la distribution des Procès-Verbaux.

1°. L'Imprimeur de l'Assemblée Nationale communiquera directement avec le Président & les Secrétaires ; il ne recevra d'ordres que d'eux.

2°. Le Procès-verbal de chaque Séance sera livré à l'impression le jour qu'il aura été approuvé, & envoyé incessamment au domicile des Députés. La copie remise à l'Imprimeur, sera signée du Président & d'un Secrétaire.

3°. Outre cet exemplaire, l'Imprimeur délivrera, à la fin de chaque mois, à chaque Député, dans son domicile, un exemplaire complet & broché, en format in-4°., de tous les Procès-verbaux du mois.

4°. Si l'Assemblée Nationale ordonne l'impression de pièces, autres que les procès-verbaux, il sera suivi, pour leur impression & leur distribution, les mêmes règles que ci-dessus.

CHAPITRE VIII.

Des Archives & du Secrétariat.

1°. Il sera fait choix, pour servir durant le cours de la présente Session, d'un lieu sûr pour le dépôt de toutes les pièces originales relatives aux opérations de l'Assemblée, & il sera établi des armoires fermantes à trois clefs, dont l'une sera entre les mains du Président, la seconde en celles d'un des Secrétaires, & la troisième en celles de l'Archiviste, qui sera élu entre les Membres de l'Assemblée, au scrutin & à la majorité.

2°. Toute pièce originale qui sera remise à l'Assemblée, sera d'abord copiée par l'un des Commis du Bureau; & la copie collationnée par un des Secrétaires, & signée de lui, demeurera au secrétariat. L'original sera aussi-tôt après déposé aux Archives, & enregistré sur un registre destiné à cet effet.

3°. Une des deux minutes originales du Procès-verbal, sera pareillement déposée aux Archives; l'autre minute demeurera entre les mains des Secrétaires, pour leur usage & celui de l'Assemblée.

4°. Les expéditions de pièces, & autres actes qui seront déposés au Secrétariat, y seront rangés par ordre de matières & de dates, en liasses & cartons ; un des Commis du Bureau sera chargé spécialement de leur garde, & ne les communiquera qu'au Président & aux Secrétaires, ou sur leurs ordres donnés par écrit.

5°. Tous les mois, lors du changement des Secrétaires, & avant que ceux qui seront nouvellement nommés entrent en fonction, il sera fait entr'eux & les anciens Secrétaires, un récolement des pièces qui doivent se trouver au Secrétariat.

6°. L'Assemblée avisera, avant la fin de la Session, au choix du dépôt & à la sûreté des titres & papiers nationaux.

www.ingramcontent.com/pod-product-compliance
Lightning Source LLC
LaVergne TN
LVHW050516160826
845677LV00003B/1170

* 9 7 8 2 3 2 9 6 5 0 5 8 6 *